TRAITÉ

DE

PSYCHOLOGIE

PAR

Mme JULES NOUTEAU

INSTITUTRICE

ANGERS

IMPRIMERIE H. ROLLAND ET GUESPIN

Place de la République

1897

TRAITÉ

DE

PSYCHOLOGIE

TRAITÉ

DE

PSYCHOLOGIE

PAR

Mme Jules NOUTEAU

INSTITUTRICE

ANGERS

IMPRIMERIE H. ROLLAND ET GUESPIN

Place de la République

1897

PRÉFACE

Avant de publier ce livre, j'ai voulu le soumettre à l'approbation de personnes compétentes en matière de Psychologie et de Pédagogie; je l'ai donc donné à M. Berthon, inspecteur de l'Enseignement primaire à Paris, qui, après l'avoir lu, m'a donné un avis favorable à la publication.

Voilà pourquoi, aujourd'hui, je me permets de vous présenter ce petit recueil; je l'ai fait le plus clair et le plus précis possible, voulant aider les premières études de la Psychologie.

Cette science, très abstraite en elle-même, a besoin d'être expliquée et démontrée comme les autres sciences, je dirai même plus que les autres, car la Physique, la

Chimie reposent sur des faits, sur des expériences facilement concevables, tandis que l'étude de l'âme humaine est chose tellement complexe qu'elle a besoin d'être très approfondie : chaque homme, en effet, ayant ses facultés, son intelligence qui lui sont propres et que lui seul connaît.

C'est la conscience ou le moi intérieur qui nous fait connaître l'âme et ce qui se passe dans notre âme, mais nous ne connaissons ces faits intimes qu'en nous repliant pour ainsi dire sur nous-mêmes et en faisant notre examen de conscience.

Ce que nous avons observé en nous existe nécessairement chez les autres, alors nous observons et comparons à notre tour ; de là naît la Psychologie qui groupe et généralise les études que nous avons faites sur l'âme humaine.

J'ai exposé de mon mieux mes réflexions personnelles dans ce petit recueil, j'ose espérer qu'elles seront bien reçues par mes lecteurs.

TRAITÉ

DE PSYCHOLOGIE

La Psychologie, de deux mots grecs (*psyché*, âme, *logos*, discours), a pour objet l'étude des facultés de l'âme et de leurs lois.

Il ne suffit pas de connaître l'homme sous le rapport physique, c'est-à-dire tous les organes qui président à la vie matérielle, il faut encore le connaître sous le rapport intellectuel et surtout chercher à perfectionner son sens moral, à diriger ce sentiment intérieur que l'on appelle *conscience*, vers le beau, vers le bien, vers le juste.

La Psychologie pénètre la nature, l'essence de l'âme qu'elle oppose à la nature du corps. Les faits moraux ou psychologiques sont, par elle, groupés et ramenés à trois causes qu'on appelle *jacultés*.

Elle traite d'abord la question des Facultés de l'âme, puis elle s'occupe des idées, de la manière dont elles sont formées : c'est la question de l'Origine des Idées.

FACULTÉS DE L'AME

Les Facultés de l'Ame sont au nombre de trois. Nous allons les étudier dans ce qu'elles sont susceptibles de se rapprocher de la nature physique ou de la vie animale, et de la vie morale.

Ce sont : la *Sensibilité*, l'*Intelligence*, l'*Activité*.

1º La *Sensibilité* est la faculté d'aimer, c'est-à-dire d'éprouver du plaisir et de la douleur ; et par ce que nous avons dit plus haut, nous avons deux modes de sensibilité :

La *sensibilité physique* qui réside dans les plaisirs des sens et la *sensibilité morale* qui réside dans les sentiments, autrement dit dans les plaisirs du cœur et de l'esprit.

1.

2° L'*Intelligence* est la faculté de penser, de juger ; et nous distinguerons aussi :

Les *sens* qui se rattachent à la sensibilité physique et l'*Intelligence* proprement dite qui juge ce que les sens lui ont transmis et le change en idées, en pensées.

3° L'*Activité* est la faculté de se mouvoir et d'agir sur ce qui nous entoure. Là encore, nous distinguerons :

L'*Activité physique* qui a son siège dans l'*instinct* et le *mouvement*.

Et l'*activité morale* qui réside dans la *volonté*.

Pour étudier convenablement ces trois facultés et tout ce qui s'y rattache, nous allons tout d'abord prendre les faits qui se rapprochent le plus de la vie extérieure ; ceux dont nous pouvons nous rendre le mieux compte.

Nous étudierons donc d'abord l'Activité physique et les Sens pour mieux comprendre plus tard la Sensibilité physique.

ACTIVITÉ PHYSIQUE

L'Activité physique a son siège dans le mouvement et le mouvement amène la sensation.

« L'activité, a dit William Schlege, est le véritable plaisir de la vie, ou, pour mieux dire, la vie elle-même. »

MOUVEMENT

Voyez un enfant qui désire avoir un fruit placé sur une table, il marche jusqu'à ce qu'il puisse le prendre et quand il l'a en sa possession, il est heureux. Dans cet exemple, nous remarquons deux phénomènes bien distincts : le *mouvement* pour atteindre le fruit et la *sensation*, plaisir de la possession.

Le mouvement peut avoir deux causes :
l'une *spontanée*, comme par exemple le
jeu des enfants ; l'autre *réflexe*, provenant
de l'action des nerfs. Ces deux causes
amènent donc la distinction des mouvements en *mouvements spontanés* et en
mouvements réflexes.

Il y a encore les mouvements volon-
taires qui, eux, tombent dans le domaine
physique : ils sont précédés de la conception et ont un but à atteindre.

HABITUDE

La répétition des mouvements amène
l'habitude. Nous la définirons donc : *la
disposition à répéter ce que l'on a déjà
fait*.

L'étude du piano est un exemple très
frappant de ce que peut être la répétition
de l'acte. Au début, l'élève éprouve une
difficulté à poser alternativement ses doigts
sur le clavier, puis, par l'étude, il arrive
à vaincre cette difficulté et exécute des

gammes et n'importe quel exercice avec une grande agilité.

Rien n'est plus difficile que les commencements de toute étude ou de tout métier. Rappelons-nous donc avec quelle maladresse nous avons tenu un porte-plume la première fois que nous avons écrit, ou une aiguille quand nous avons cousu. L'habitude a aplani toutes les difficultés et a augmenté nos moyens d'action.

Il en est de même des émotions, des sensations, elles s'émoussent par l'habitude. Un chirurgien qui opère pour la vingtième fois, n'éprouvera pas la même sensation qu'un étudiant qui, pour la première fois, aura un membre à couper.

Remarquons aussi que l'habitude, tout en affaiblissant la sensibilité, perfectionne l'activité. Nous le comprendrons plus facilement en reprenant notre exemple précédent : le chirurgien est plus habile à la vingtième opération qu'à la première, parce qu'il l'a répétée.

L'habitude a pour effets :

1° de susciter et développer dans l'âme un penchant plus ou moins vif à accomplir un acte ;

2° de développer dans l'âme l'aptitude à accomplir l'acte habituel ;

3° de diminuer progressivement l'effort ;

4° de diminuer la conscience du fait.

Les habitudes peuvent être *passives* et *actives*.

Lorsque l'habitude naît d'une sensation répétée, elle est passive ; lorsqu'elle naît de la répétition des actes, elle est active.

Une personne qui se met de l'odeur, la sent d'abord beaucoup, au point qu'elle peut en être incommodée, puis, graduellement, son odorat ne la percevra plus.

Une personne qui boit de l'eau-de-vie ou quelqu'autre boisson très forte, finit par ne plus leur trouver aucun goût.

Un homme qui travaille dans une forge aura, au début, le sens de l'ouïe perdu par le bruit des marteaux, puis finalement, il s'y habituera et n'y fera plus attention.

Il y a encore les habitudes *instinctives* : ce sont celles que nous avons acquises par la répétition de l'acte, et qui nous font agir sans que nous en ayions conscience, sans que notre esprit dirige nos mouvements.

L'ouvrier qui fait toujours le même objet, par la répétition de l'acte, finit par le fabriquer sans que son intelligence dirige le travail, ses mains, son corps agissent, mais son esprit est quelquefois très loin.

Nos facultés intellectuelles elles-mêmes ne se développent que par l'exercice et l'habitude. Ainsi, pour ne parler que de la mémoire, on obtient des résultats merveilleux en cultivant cette faculté.

Certaines personnes ont la mémoire des dates, d'autres des mots, d'autres des faits ou des formules, suivant qu'elles ont été habituées à ces sortes d'exercices. Un musicien percevra la différence d'un ton à un quart de ton musical, entendra une fausse note faite dans l'exécution d'un morceau, parce qu'il a l'habitude de la musique et qu'il ne s'occupe que de cela. Un peintre verra un léger défaut de coloris dans une toile, où d'autres ne s'apercevront de rien, parce qu'il a l'habitude des couleurs et de la peinture.

La volonté elle-même subit la loi de l'habitude, quelquefois ne peut y résister ; elle s'amoindrit et finit par s'effacer

L'INSTINCT

L'instinct est la cause inconnue en vertu de laquelle l'homme, et surtout l'animal, réalisent certains actes sans y penser, sans le savoir, avec une sûreté infaillible pour la conservation de sa vie et de son espèce. C'est ainsi que nous faisons les mouvements nécessaires à la mastication, à la déglutition, à notre protection, etc.

C'est surtout chez l'animal que l'on admire des phénomènes curieux sur l'instinct.

L'abeille est admirable dans la construction de sa cellule ; l'oiseau n'a aucune hésitation pour construire, son nid ; la fourmi est infatigable à ramasser sa provision pour l'hiver.

Pourquoi les hirondelles nous quittent-elles l'hiver, si ce n'est pour aller chercher, dans des climats plus chauds, les milliers de petits insectes qui sont utiles à leur vie. Les poissons, les oiseaux ont un instinct migrateur qui a pour but la reproduction ou la conservation de l'espèce.

« L'instinct n'est ni un penchant, ni une tendance, ni une disposition de l'esprit à poursuivre un but avec une vue claire du but et le désir de l'atteindre. Il est *fatal*. Il est de plus *nécessaire*, car l'existence de l'animal en dépend.

« Il est *inné* et *parfait*.

« L'instinct affecte un caractère particulier pour chaque espèce ; il est donc *invariable*. »

(De l'instinct et de l'intelligence, Hément.)

Il y a un instinct qui est commun à

l'homme et aux animaux, mais avec beaucoup plus de supériorité chez l'un que chez les autres : c'est l'instinct maternel.

En effet, chez les animaux, la mère soigne et surveille sa progéniture pendant un certain temps, au bout duquel les petits deviennent pour elle des indifférents, quelquefois même des ennemis.

Au contraire, chez l'homme, l'affection, les soins de la mère se continuent le plus longtemps possible et les enfants honorent et respectent toujours leurs parents, sauf quelques rares exceptions.

Dans tous mouvements, il y a une grosse part pour l'instinct et nous ne nous en apercevons pas. Nous pouvons dire qu'il existe des mouvements *instinctifs* comme l'éternuement, le rire, la peur, la toux, etc.

Ils sont instinctifs parce que ni la volonté, ni la réflexion n'apportent leur concours, le corps seul les accomplit par nécessité.

Examinons quelles peuvent être les

conséquences pédagogiques de la place de l'instinct dans l'éducation.

Il se présente deux théories :

1° L'instinct ayant un caractere animal, l'homme doit le mépriser, le refouler dans tous les actes de sa vie.

Il faudra donc alors réprimer les instincts mauvais chez l'enfant qui, d'après quelques-uns, a une nature radicalement méchante.

Nous opposerons à ceci : que l'instinct proprement dit et infaillible doit être dirigé ; et celui qui a comme conséquence *la recherche du plaisir*, doit être combattu parce qu'il peut devenir funeste.

2° Nous ne pouvons nous passer de nos instincts et vouloir les détruire serait une idée chimérique. Nous devons donc lui laisser une grande place dans l'éducation.

Herbert Spencer soutient cette théorie, quand il dit *que le penchant que l'enfant éprouve pour le sucre, ou l'aversion qu'il a pour la graisse, ne doivent pas être contrariés.*

On doit réprimer cette sorte d'instinct qui pourrait se changer en un vice odieux : la gourmandise.

Et, en supposant que l'on suive exactement ces conseils, quelle éducation donnera-t-on à l'enfant ?

Il ne faut pas oublier que la vie instinctive n'est pas la seule vie de l'homme. Sa vraie destinée est la vie intellectuelle.

————————

SENSIBILITÉ PHYSIQUE

La sensibilité est la faculté d'aimer, et, par suite, d'éprouver du plaisir ou de la douleur.

La sensibilité comprend donc deux éléments :

1° L'un actif, l'*amour*, et en prenant ce mot dans son sens général, on entend par là tout mouvement de l'âme vers un objet ;

2° L'autre passif, le *plaisir* ou la *douleur*.

Le plaisir et la douleur, en effet, sont des états ou des émotions.

Le plaisir et la douleur qui ont leur origine dans le corps se nomment *sensations* ; le plaisir et la douleur qui ont leur principe dans l'âme, se nomment *sentiments*.

Nous n'allons parler ici que des sensations qui tombent dans le domaine physique, réservant l'étude des sentiments
quand nous parlerons de la sensibilité
morale.

La sensibilité est déjà visible dans l'instinct, car l'instinct implique une tendance à
accomplir une action déterminée; cette
tendance est manifestée par un mouvement
de l'âme, et par conséquent il faut y voir
un mode de l'amour. C'en est même le
mode primitif. Mais lorsque cette tendance
qui se manifeste dans l'instinct s'est
exercée, de deux choses l'une : ou elle a
atteint son but, ou elle l'a manqué. Dans
le premier cas, l'être éprouve du plaisir,
dans le second, il ressent de la douleur.

Le plaisir et la douleur une fois ressentis,
provoquent à leur tour des phénomènes
nouveaux.

L'âme, en effet, se porte d'elle-même
vers l'objet qui lui a été agréable; ce mouvement qui, à la différence de l'instinct,
présuppose l'expérience, s'appelle le *désir*.

Si, au contraire, l'objet a paru désagréable, douloureux, l'âme s'en détourne par un mouvement appelé *aversion*.

Le désir et l'aversion sont donc deux forces opposées de l'amour. On les appelle encore : *inclinations* ou *tendances de l'âme*.

APPÉTIT

Lorsque l'amour a son principe dans le corps lui-même, il s'appelle *appétit* (la faim, la soif), mais lorsque sa source est dans l'âme, dans l'idée d'une qualité morale qui excite le mouvement de l'âme, l'amour s'appelle plutôt *sentiment* ou *inclination*. (Ex : l'amour de la patrie, de la vérité).

La faim, la soif, l'instinct de la conservation sont des appétits. Pourquoi dormons-nous? si ce n'est parce que le repos est utile à notre santé.

Pourquoi mangeons-nous? Si ce n'est

parce que la nutrition est utile à l'entretien de notre vie.

Mais aussi pourquoi aimons-nous mieux la bonne nourriture que la mauvaise, si ce n'est encore parce que la première flatte mieux notre goût que la seconde. Nous éprouvons donc plus de plaisir dans un cas que dans l'autre.

PASSIONS

Dans le désir et l'aversion, l'inclination est susceptible de revêtir un certain nombre de modes nommés *passions*.

Si l'on pense à un bien passé dont on est actuellement privé, le *regret* que l'on éprouve est une passion.

Si l'on pense à un bien futur, l'*espérance* que l'on éprouve est une passion.

Si l'on pense à un mal futur, la *crainte* que l'on éprouve est une passion.

Quelquefois on donne au mot passion une autre acception, et l'on entend par là une inclination qui s'est développée démesurément, c'est-à-dire au-delà des limites marquées par la raison. C'est surtout à ce point de vue qu'on se place en morale pour étudier les passions et pour donner les moyens de les combattre.

« Les passions sont les seuls orateurs qui persuadent toujours ; elles sont comme un art de la nature dont les règles sont infaillibles ; et l'homme le plus simple, qui a de la passion, persuade mieux que le plus éloquent qui n'en a point.

« Les passions ont une injustice et un propre intérêt, qui fait qu'il est dangereux de les suivre, et qu'on s'en doit défier lors même qu'elles paraissent les plus raisonnables. » (LA ROCHEFOUCAULD, *Maximes*).

SENS

La sensation est cet état de l'âme qui est la suite ou le contre coup d'une modification organique qu'on appelle l'*impression*.

Les conditions essentielles de la sensation sont les suivantes :

1° Il faut d'abord que quelque chose stimule les organes. Tantôt ce stimulant est extérieur : par exemple, la couleur d'un objet qui est sous nos yeux ; tantôt ce stimulant se trouve dans notre corps, par exemple, le sang.

Dans le premier cas, les sensations provoquées sont dites *externes*, dans le second cas, elles sont *internes*.

Le psychologue Bain donne dans son

livre les *Sens et l'Intelligence*, l'énuméra-
tion des sensations.internes.

1° Sensations organiques des muscles :
sensation de coupure ou de déchirure ;
crampes et spasmes, sensation de fatigue ;

2° Sensations organiques des nerfs :
fatigue nerveuse, différente de la fatigue
musculaire ; effets des stimulants ;

3° Sensations organiques de la circulation et de la nutrition. Faim, soif, bien
être physique, etc. ;

4° Sensations de la respiration : sensation de l'air pur, suffocation.

5° Sensations internes de chaleur et de
froid ; frisson ;

6° Sensations électriques.

L'ensemble de toutes ces sensations est
la base de notre vie et constitue le *sens
vital*.

2° Il faut que l'action de ce stimulant pro-
duise une impression transmise par les
nerfs depuis la périphérie de l'organe
jusqu'au cerveau.

L'impression est donc un fait physiolo-

gique, par suite elle offre tous les caractères des faits physiologiques ; elle se produit en un lieu, on peut l'exprimer par
des lignes, elle est mathématiquement
mesurable.

3° Enfin, au phénomène nerveux de l'impression succède la *sensation*. Mais la sensation qui, dans tous les cas, est un fait
psychologique, un état mental, peut être
considérée sous deux aspects différents :
comme *affective* et comme *représentative*.

Comme affective, la sensation est une
émotion, c'est-à-dire un état pénible ou
agréable.

Par exemple si l'on touche un objet
trop chaud, on éprouve une émotion
pénible : c'est là une sensation affective.

Mais il y en a un autre ; dans l'exemple
même qui vient d'être donné, nous nous
représentons une certaine qualité de l'objet : sa chaleur ; si nous y touchons, la
chaleur de l'objet nous le fait percevoir et
la sensation est *représentative*.

L'étude de la sensation ainsi considérée

rentre plutôt dans la théorie de l'intel'i-gence que dans celle de la sensibilité.

Les sensations externes ont lieu par le moyen d'appareils spéciaux qui sont reliés au cerveau par des nerfs. Ces appareils ne sont que les cinq organes des sens que l'on étudie en physiologie : les yeux, les oreilles, le nez, etc.

Nous ne nous occuperons pas de leur étude, mais de celle des *Sens* proprement dits, c'est-à-dire des fonctions exercées par ces organes.

Nous savons qu'il y a cinq sens : le goût, l'odorat, l'ouïe, la vue et le toucher.

Pour qu'il y ait sensation, il faut que les objets extérieurs agissent immédiate-ment sur les organes des sens; il faut aussi que l'action exercée sur les pupilles nerveuses soit transmise directement au cerveau; car on comprend aisément que si le nerf sensitif est altéré par une cause quelconque, l'impression reçue n'est pas transmise et il n'y a pas sensation. Il faut enfin que les centres nerveux eux-mêmes

2.

soient en bon état, puisque ce sont eux
qui sont chargés de ressentir la sensation.

Etudions les cinq sens séparément et
commençons par le goût.

Le goût. — Le siège de ce sens est le
palais et la langue. Lorsque nous mettons
des aliments dans notre bouche, ils sont
dissous par notre salive, c'est à ce moment
que nous éprouvons la sensation. Si elle
est amère, douce ou acide, nous faisons un
accueil plus ou moins favorable à l'aliment,
cause de la sensation éprouvée.

L'odorat. — Le siège de ce sens est le
nez, et les odeurs en sont les sensations.

Les odeurs sont dûes à des particules
extrêmement ténues qui se répandent dans
l'air, et viennent se fixer sur les muqueuses
du nez, par le mouvement d'inspiration
que nous faisons.

Les odeurs, comme les saveurs, du reste,
ne sont pas toutes de même nature. Linné
en distingue sept espèces :

1º Les odeurs aromatiques (telles que

celles d'œillet ou de feuille de laurier).

2° Les odeurs flagrantes (le lis, le safran, le jasmin).

3° Les odeurs ambrosiaques (ambre, musc).

4° Les alliacées (ail).

5° Les odeurs fétides (bouc, valériane).

6° Les odeurs repoussantes, vireuses (œillet d'Inde, solanées).

7° Les odeurs nauséeuses (celle des concombres et des cucurbitacées).

L'ouïe. — Le siège de ce sens est l'oreille, et la sensation de cet organe se nomme le son. Le son est produit par le mouvement vibratoire des corps sonores.

Le son est reçu par la conque ou pavillon qui le transmet à la membrane du tympan ; celle-ci la passe à la caisse du tympan puis aux osselets; enfin le nerf acoustique s'en empare et le transmet au cerveau. C'est à ce moment que se produit la sensation, sensation agréable si le son est doux, harmonieux ; sensation désagréable s'il est fort ou discordant.

La vue. — Le siège de ce sens est dans l'œil.

Lorsque nous regardons un objet, les rayons lumineux qui le frappent pénètrent par la pupille sur la cornée transparente ; l'humeur aqueuse s'en saisit et les porte sur le cristallin qui lui-même les transmet à la rétine. Le nerf optique s'en empare et les transmet au cerveau.

La sensation de *lumière* est celle de la vue ; puis vient ensuite celle de *couleur*. La première est toujours blanche ; la seconde varie à l'infini suivant les milieux que traverse la lumière.

Le tact ou toucher. — Le siège de ce sens est sur toute la surface du corps, mais principalement aux endroits où les pupilles nerveuses sont le mieux mises en contact avec les choses extérieures.

Les sensations de ce genre sont multiples : notons en premier celle de *résistance*, puis viennent ensuite les sensations de *température*, de *contact*, de *pression*, de *poli*, de *rude* et de *poids*.

Toutes les sensations dont nous venons de parler, se rapportant aux cinq sens, se produisent en présence de l'objet, mais il y en a d'autres qui se produisent en l'absence des objets, comme par exemple les tintements d'oreilles, les picotements de la peau : celles-là sont des sensations *subjectives*.

A ces dern'ères se rapportent les *hallucinations*, qui nous font voir ou entendre des choses qui n'existent pas et que seule notre imagination a formées.

IMAGINATION. — ASSOCIATION DES IDÉES

L'imagination et la mémoire sont les facultés par lesquelles nous avons, à de certains intervalles, la perception des objets vus une fois, des choses entendues une fois.

Il y a imagination proprement dite, quand je me représente l'objet et que je le contemple sans avoir conscience que je l'ai déjà vu antérieurement. Il y a mémoire quand, regardant l'objet, je me dis : je m'en souviens, je me rappelle l'avoir vu à tel moment, dans telles circonstances.

Ce sont encore les sensations qui produisent l'imagination et la mémoire ; principalement les sensations de la vue.

En effet, on se rappelle beaucoup plus facilement un paysage, un tableau, une belle construction, qu'un mets que l'on a goûté ou mangé, ou toute autre sensation produite sur un autre sens. Et cependant, on retient un passage d'un morceau de musique, d'une pièce de vers; et pour rendre toutes ces sensations, on se sert de la parole ou de l'écriture.

L'imagination du tact nous est surtout démontrée par les aveugles-nés, qui reconnaissent une lettre, une note de musique, un objet quelconque par le toucher.

Les autres sens : ouïe, odorat ont également leur imagination, mais elle est plus obscure et ne peut se démontrer.

« Les enfants ont déjà de l'imagination et de la mémoire, c'est-à-dire ce que les vieillards n'ont plus; et ils en tirent un mer- veilleux usage pour leurs petits jeux et pour tous leurs amusements : c'est par elle qu'ils répètent ce qu'ils ont entendu dire; qu'ils contrefont ce qu'ils ont vu faire; qu'ils sont de tous métiers, soit qu'ils s'occupent en effet à mille petits ouvrages, soit qu'ils imitent les divers artisans par le mouvement et par le geste; qu'ils se trouvent à un grand festin et y font bonne chère; qu'ils se transportent dans des palais et dans des lieux enchantés; que, bien que seuls, ils se voient un riche équipage et un grand cortège; qu'ils conduisent des armées, livrent bataille et jouissent du plaisir de la victoire; qu'ils parlent aux rois et aux plus grands princes; qu'ils sont rois eux-mêmes, ont des sujets, possèdent des trésors qu'ils peuvent faire de feuilles d'arbres ou de grains de sable; et, ce qu'ils ignorent dans la suite de leur vie, savent, à cet âge, être les arbitres de leur fortune et les maîtres de leur propre félicité. » (LA BRUYÈRE — *De l'Homme*).

Il y a deux espèces d'imagination :

1° L'imagination *reproductrice*, qui reproduit les sensations passées.

2° L'imagination *productrice ou créatrice*, qui crée les objets nouveaux et les sensations nouvelles.

L'imagination *passive* qui est l'intermédiaire entre les deux précédentes, combine directement et involontairement les images de la mémoire, sans règle et sans direction.

C'est elle qui préside dans trois états psychologiques très distincts : la *rêverie*, le *rêve* et l'*aliénation mentale*.

Dans la *rêverie*, l'esprit se plaît à s'éloigner du monde extérieur et à contempler des images gaies ou tristes que notre imagination fait passer devant nos yeux. Les châteaux en Espagne sont des rêveries agréables que notre imagination se plaît à entretenir.

L'*aliénation mentale* ou folie est une rêverie gaie ou triste devenue habituelle, portant sur un seul objet et absolument dénuée de concordance.

Le *rêve* est une sensation interne.

Descartes raconte qu'une nuit, plongé dans un profond sommeil, il rêvait qu'un malfaiteur était entré chez lui et qu'il le tuait à coup de lance. La sensation a été

si forte qu'il s'est éveillé et, portant la
main à l'endroit où il avait ressenti la
douleur, il trouva une puce qui le piquait
très fort.

C'est dans l'hypnotisme que l'on voit de
singuliers effets de la sensation interne.
L'opérateur peut transmettre à son sujet
parfois deux séries d'idées consécutives :
ayant pour principes la joie et les menaces.
Cette science, à peine connue il y a quelque temps, a pris de grands développe-
ments, par suite de théories et d'expériences très curieuses qui ont été faites de
de nos jours. Mais il ne nous appartient
pas ici de nous appesantir sur ce sujet.
Pour très bien lier les idées, nous devons :

1° Convertir des rapports accidentels en
rapports naturels.

Exemple : De deux personnes assistant
à la même comédie, la personne frivole
se rappellera le rouge des actrices, la
demi-nuit de la salle, en un mot des rapports accidentels. La seconde, en plus
de ce qui vient d'être dit, se rappellera les

actes, leur point de réunion, les caractères bien ou mal représentés par les
acteurs, en un mot des faits ayant un rapport naturel au sujet principal.

2º Nous devons faire en sorte que nos
idées se succèdent d'une manière logique.

ASSOCIATION DES IDÉES

L'Association des idées consiste en
ce que nos idées paraissent s'appeler spon-
tanément les unes les autres.

Ainsi l'idée d'une falaise que nous avons
vue nous rappellera la mer qui baigne ses
pieds : la mer nous fera penser aux matelots, les matelots aux navires, etc., etc.

Il convient de distinguer deux catégories principales d'association d'idées.

1ʳᵉ catégorie. — Elle comprend des
associations fondées sur des rapports qui
ne dérivent pas de la nature des choses.

Par exemple, l'idée d'une promenade
que nous avons faite peut nous rappeler

un orage qui a éclaté au cours de notre promenade. Or, il est évident qu'entre ces deux faits il n'y a point de rapports naturels. La relation qui les unit est accidentelle.

Dans cette catégorie rentrent toutes les associations par *contiguïté*. Il y a contiguïté dans le lieu et contiguïté dans le temps.

2° catégorie — Elle comprend des associations fondées sur des rapports qui dérivent de la nature des choses.

Ainsi l'aile de l'oiseau nous fait penser au vol. Or, entre ces deux faits, n'y a-t-il pas un rapport naturel : la nature de l'aile explique celle du vol et réciproquement.

Les associations de cette catégorie sont dites logiques, rationnelles ou encore naturelles.

Les associations de la deuxième catégorie ont manifestement une valeur plus considérable, puisqu'elles se fondent sur les rapports naturels, tandis que celles de la première catégorie se fondent sur des relations accidentelles.

Les principales associations logiques sont celles qui reposent :

1° Sur le rapport de cause à effet. Ex. : l'oxygène nous fait penser à la respiration :

2° Sur le rapport de moyen à fin. **Ex.** : l'aile nous fait penser au vol de l'oiseau. Le vol est la fin et l'organe, l'aile un moyen pour l'atteindre.

3° Sur le rapport de principe à conséquence.

Un théorème nous rappelle son corrollaire.

Ou bien encore cette proposition : « Tous les hommes sont mortels » nous rappellera celle-ci qui en est la conséquence : « Etant mortel, je dois mourir. »

4° Sur le rapport de ressemblance et de contraste :

La neige peut nous faire penser au marbre blanc.

Le vice peut évoquer en nous l'idée de la vertu.

INFLUENCE DE L'ASSOCIATION DES IDÉES SUR NOS JUGEMENTS

La source de nos idées peut être pour nous une source d'erreurs les plus graves, de faux jugements.

Dugal Steward qui a fait descendre la psychologie à la portée de tout le monde, nous donne cet exemple d'association d'idées :

« Un sauvage, malade, a bu une certaine eau et quelque temps après il est guéri. S'il retombe malade, il s'imagine qu'il doit boire encore de cette eau, mais qu'il doit représenter très exactement les circonstances fortuites de sa première guérison, sous le rapport de sa tenue, du jour et de l'heure. »

Les préjugés viennent également de la source de nos idées : (salière renversée, malheur apporté au vendredi, chiffre 13). En somme, ce sont des rapports accidentels amenant d'autres rapports qui ne dérivent pas de la nature des choses.

Dugal Stewart examine l'influence de l'association des idées sur les jugements en matière de *mode*. Il montre dans la société que la classe supérieure cherche à se distinguer de la classe inférieure ; elle le peut par des vertus, par l'intelligence, mais elle le cherche surtout par le costume. Il est vrai que la classe inférieure cherche à imiter le costume aristocratique. Ce dernier devient vulgaire, populaire ; la classe élevée en cherche d'autres, de là la succession des modes.

On peut donc regarder l'Association des idées comme un principe de la morale puisqu'elle donne à l'esprit une activité que celui-ci devra rechercher de plus en plus.

N'oublions pas non plus que l'acquisition des idées a une action sur nos sentiments. Ici le mot sentiment veut dire : opinion, jugement, ou émotion, inclination, c'est sur cette dernière acception que l'on veut parler.

Une personne vous annonce une bonne nouvelle, rien que pour cela vous vous sentez porter à l'aimer.

Vous vous promenez dans un endroit que vous trouvez charmant, un ami vient vous y retrouver et vous annonce une mauvaise nouvelle; désormais quand vous penserez à ce lieu, ou quand vous vous y promènerez, vous le trouverez odieux.

PERCEPTION

Définition de la perception acquise

La perception acquise est un jugement par lequel étant donnée une qualité que l'on perçoit actuellement, on affirme la présence d'une autre qualité que l'on ne perçoit pas, mais que l'on a vue antérieurement associée à la précédente.

Ainsi, par exemple, nous nous promenons dans un jardin, nous sentons l'odeur du lilas; nous jugeons, avant de l'avoir vu, qu'il y a un lilas à côté de nous et nous nous en représentons immédiatement la couleur.

Tous nos organes des sens nous donnent des perceptions; mais ces dernières sont en rapport de la sensibilité et de la mobilité de ces organes.

3.

Les perceptions du goût servent aux dégustateurs pour reconnaître les diverses sortes de vins ou de liqueurs.

Les perceptions de l'odorat servent aux chimistes pour reconnaître les corps et leurs essences.

Les perceptions de l'ouïe sont déjà plus complètes. Nous pouvons nous en rendre compte pour la musique où l'oreille peut distinguer une infinité de sons différents.

La vue est l'organe qui nous donne le plus de perceptions, parce qu'elle est excessivement sensible et mobile.

L'évaluation de la distance par la vue est la plus importante de nos perceptions acquises ; ce n'est pas, en effet, la vue qui nous fait par elle-même apprécier la distance des objets ; cette appréciation est due à une certaine perception acquise. Voici comment :

Supposons qu'un objet tel qu'un arbre nous apparaisse à une certaine distance comme un point vers l'horizon. Si nous nous en approchons, il grandit et nous commencerons à en distinguer les parties ; approchons-nous encore et sa grandeur augmentera progressivement ; alors nous distinguerons avec netteté des détails que tout à l'heure nous ne faisions qu'entrevoir. Répétons cette expérience un nombre suffisant de fois, si désormais cet arbre nous apparaît sous la forme d'une masse petite et confuse, nous jugerons immédiatement, sans avoir besoin cette fois de marcher vers lui, qu'il est très éloigné de nous. Nous pourrons même indiquer, si nous nous sommes arrêtés à ce détail, le nombre de pas qui nous en sépare.

Nous avons également, pour la vue, des perceptions de *couleur*.

Les perceptions du tact sont nombreuses : poids, pression, dureté, mollesse, etc., etc.

Ainsi donc une perception acquise est le résultat d'un raisonnement, mais d'un raisonnement qu'on accomplit par l'effet de l'habitude avec une telle rapidité qu'on n'en a guère conscience.

De ce qu'on entend par les erreurs des sens

La théorie des perceptions acquises explique aussi ce qu'on appelle improprement les erreurs des sens. Les prétendues erreurs des sens ne sont autre chose que des raisonnements faux dont nous pourrions nous garantir.

Soit par exemple un bâton plongé dans l'eau, il nous paraît brisé ; or, la vue a raison de nous le montrer ainsi, cette forme brisée est l'effet inévitable de la réfraction. Une pièce de monnaie mise au fond d'un verre rempli d'eau nous paraît au bord du verre, par suite encore de la réfraction.

Où notre erreur commence, c'est si nous jugeons que le bâton (pour reprendre notre premier exemple) qui est brisé pour la vue, l'est aussi pour le toucher. Une telle affirmation n'est que le résultat d'une induction erronée.

Il est vrai que nous avons vu le plus souvent la forme tangible des objets, correspondre à leur forme visible. En d'autres termes, quand un bâton est droit pour la vue, le plus souvent aussi il l'est pour le toucher. Mais de ce que ces deux faits s'accompagnent fréquemment, il ne s'en suit pas qu'ils doivent s'accompagner toujours et que leur coïncidence ne souffre aucune objection.

Nous devrions, au contraire, nous rappeler que chaque sens a, pour ainsi dire, son point de vue propre. C'est donc nous qui nous trompons, ce n'est pas la vue qui nous trompe.

Nous commettons alors cette sorte de faux raisonnement que la logique appelle le sophisme d'induction.

PORTÉE DE NOS SENS

Il ne faut pas croire que nos sens nous font saisir les propriétés des corps telles qu'elles sont en elles-mêmes. Nous ne saisissons par les sens que les effets produits par ces propriétés sur nos organes.

Voici plusieurs faits qui le prouvent :

1° Si un même stimulant extérieur agit sur différents organes, les perceptions provoquées sont différentes. Exemple : l'action d'un courant électrique sur le nerf optique provoque une perception de lumière; sur le nerf acoustique, une perception de son ; sur les nerfs du palais, une perception de saveur.

2° En revanche, quand l'organe reste le même, les différents stimulants qui peu-

vont agir sur lui donnent lieu à des perceptions de même nature.

Ainsi, la perception de la lumière peut
être excitée dans l'œil, par l'action d'un
courant électrique, ou bien par la clarté
du jour; ou bien encore par la pression
légère du doigt sur le globe de l'œil.

3° De ces différents faits, il résulte que
la couleur, la saveur, etc., ne sont point
des propriétés intrinsèques des choses.

Mais, dira-t-on, n'en va-t-il pas autrement de l'étendue et du mouvement? les
choses ne sont-elles pas en elles-mêmes et
réellement étendues et mobiles?

L'étendue et le mouvement supposent
comme les autres qualités l'exercice de
nos organes. Si, par hypothèse, ceux-ci
étaient détruits, sans doute il subsisterait
toujours dans les corps quelque chose de
l'étendue et du mouvement, mais nous ne
savons pas en quoi consisterait ce résidu.

ÉDUCATION DES SENS

On doit apprendre à voir, comme on apprend à toucher, pour cela il faut qu'il y ait exercice ou éducation.

Nous savons tous que le petit enfant perçoit mal ; au début de sa vie même, il ne voit pas du tout, ce n'est que vers la sixième semaine que l'on peut se rendre compte que ses petits yeux suivent les mouvements d'une bougie ou d'une personne. De même pour le toucher, il connaît d'abord mal la forme des objets, mais à force de les manier, il acquiert la perception de la forme.

De là l'obligation de perfectionner et de fortifier chaque sens pris en lui-même.

Tous les sens s'entr'aident et collaborent entre eux, à cause de l'unité de l'être humain, de là naissent les *perceptions acquises*.

La *perception* est l'acte de l'esprit par lequel on perçoit un objet présent.

La *conception* est l'acte de l'esprit par lequel on conçoit un objet absent ou tout idéal.

La perception acquise est donc une conception.

————————

INTELLIGENCE

ATTENTION & RÉFLEXION

L'Intelligence est la faculté de penser, de connaître, d'avoir des idées, de se représenter ce qui est.

Penser, c'est méditer, c'est peser.

L'esprit, dans la pensée, établit des rapports de ressemblance ou de dissemblance ; fait dégager l'idée d'un simple objet de sensations différentes.

L'intelligence se développe suivant les milieux et surtout par la culture de notre esprit. Dans l'enfance, notre intelligence est pour ainsi dire nulle, elle ne s'aperçoit que quand nous pouvons commencer à comprendre, à juger ce qui se passe autour de nous ; elle se modifie et s'étend au fur et à mesure que notre pensée s'élargit et que nos connaissances grandissent.

Connaître, suppose une faculté intellectuelle que l'on appelle *conscience* ou *perception interne* qui nous fait apercevoir de ce qui se passe en nous. C'est le sentiment *du moi* mêlé à nos actions et à nos pensées.

C'est à la conscience que nous devons les idées de tous les phénomènes intellectuels qui se passent en nous.

De même que les sens nous donnent des sensations, l'entendement nous donne des idées. C'est donc par l'entendement que l'on juge l'intelligence d'une personne et non par la plus ou moins gra de perspicacité des sens.

Pour connaître un objet, c'est-à-dire pour le distinguer d'autres objet. il faut que notre esprit l'étudie, le remarque particulièrement. Cette application qu. ne se fait pas sans un effort de volonté, s'appelle *attention.*

Être attentif à un objet, c'est s'appliquer à le connaître. Que faut-il donc pour être attentif ?

1° Il faut écarter toute distraction intérieure ou extérieure.

Les distractions extérieures sont celles qui nous viennent des sens ; les distractions intérieures sont celles qui nous viennent de l'association des idées.

Ainsi, si on nous explique la nature de la Patrie, l'idée de Patrie pourra nous faire penser au clocher de notre pays natal ; le souvenir de ce clocher nous rappellera les jeux de notre enfance, etc., etc. Il est clair que si nous nous laissons aller sur cette pente, nous n'arriverons pas à connaître l'objet que l'on nous explique.

2° Il faut en outre chercher les raisons, les principes qui expliquent l'objet que nous étudions.

La fixité qu'implique l'attention ne doit pas être confondue avec cette immobilité qui se rencontre par exemple dans la stupéfaction. Être attentif, ce n'est pas demeurer immobile ; c'est au contraire, agir, se mouvoir intellectuellement, mais dans un cercle donné.

3º Il faut qu'à l'action de la raison, dont nous venons de parler, s'ajoute le concours des autres facultés ; il faut que toutes les forces dont nous disposons collaborent à la même fin, et cette fin, c'est la connaissance des choses dont il s'agit.

Dans l'exemple cité plus haut, nous écouterons celui qui nous explique la nature de la Patrie ; nous nous rappellerons les faits historiques où le patriotisme se manifeste le plus ; dans quelles circonstances ils se sont produits ; quel a été leur résultat ; etc.

Nos diverses facultés : les sens, la mémoire, l'imagination viendront se joindre à la raison pour nous aider à connaître enfin l'objet que nous étudions.

Le Génie, d'après Buffon, ne serait qu'une attention prolongée. Il y a du vrai, sans attention on n'arrive à rien, malgré les plus grandes dispositions que l'on puisse

avoir. Mais il y a du faux aussi : le génie ne
s'acquiert pas ; c'est un esprit né créateur
et inventif. Le génie suppose des dons
naturels et extraordinaires que l'on obtient
ni par l'étude ni par l'attention.

Il ne faut pas confondre *attention* et
idée fixe : la première est le caractère de
la raison ; la seconde, de la folie.

L'attention appliquée aux faits de conscience constitue la *réflexion*.

Réfléchir, c'est penser une seconde fois ;
c'est soumettre les idées à un nouvel
examen afin de mieux les déterminer, de
les rendre plus claires et plus fixes.

On peut rapporter à la réflexion *la médi-
tation et la contemplation*.

L'observation est une attention suivie,
continue.

« Avec l'attention, on se corrige de ses
mauvaises habitudes, avec l'application,
on en acquiert de bonnes » a dit Condillac.

L'attention se portant sur les objets
extérieurs, prend le nom *d'observation* ; et
lorsqu'elle s'applique aux rapports des
choses, l'attention devient *la comparaison*.

MÉMOIRE ET IMAGINATION

L'étude de l'attention et de la réflexion se complète par celle de la mémoire et de l'imagination. En effet, à quoi nous servirait l'attention si nous n'avions pas une autre faculté qui nous rappelle les idées ou les impressions que nous avons acquises dans un temps plus ou moins éloigné.

La mémoire c'est donc, comme nous l'avons déjà dit, la faculté de se souvenir du passé. Dans le souvenir, nous nous représentons les choses ou les personnes que nous avons perçues dans un temps et nous les reconnaissons.

La mémoire est un aide puissant à l'intelligence ; elle sert également dans les jugements, puisque par le souvenir des choses passées, nous pouvons prévoir les choses futures.

« C'est par la mémoire que l'esprit se meuble, s'enrichit, entretien son activité et augmente ses conquètes scientifiques et morales. » (CHAUMEIL.)

Il est donc utile, en éducation, de s'occuper sérieusement de la culture de la mémoire.

« Il n'est pas indifférent de confier à la mémoire des enfants toutes sortes de matériaux, de laisser arriver à leur esprit toutes sortes d'impressions. Ces impressions donnent lieu à des idées qui ne s'effacent pas à la volonté de l'éducateur, à la volonté du sujet lui-même. Si les impressions sont mauvaises, les idées fausses ou vicieuses, le fond du caractère en est atteint ; les produits ultérieurs de l'esprit porteront des traces de ce mauvais ferment. Si, au contraire, l'intelligence n'a reçu que de bonnes impressions, toutes les conceptions sont conformes aux saines idées dominantes et la vie s'ordonne sans effort dans le sens le plus avantageux pour l'individu et la société. » (CHAUMEIL, *La Mémoire*).

Quelquefois le souvenir est un peu vague, nous ne nous rappelons les choses que par un fait plus ou moins saillant ; le souvenir, dans ce cas-là, prend le nom de *réminiscence*.

Le souvenir, quand il se présente de lui-même à notre pensée sans que nous le cherchions, prend le nom de *souvenir spontané*; quand, au contraire, c'est l'esprit qui le cherche, qui l'appelle, on le nomme *souvenir volontaire*.

Pour que le souvenir se reproduise, il faut :

1° Que l'impression ait été très vive.

Un enfant très jeune, assistant à une opération chirurgicale faite à l'un de ses frères ou à l'un de ses parents, ne l'oubliera jamais. Il se souviendra des moindres détails, des moindres faits qui auront pris, par suite de l'impression, de larges proportions dans son imagination.

2° Que l'attention ait été excitée au plus haut point.

Un élève qui aura écouté attentivement une démonstration de son professeur, se souviendra de tous les détails et la répétera presque mot à mot.

3° Que la répétition ait entretenu les sensations.

Un pianiste répétant tous les jours le même morceau de musique, se souviendra des nuances et les fait sans avoir la musique sous les yeux pour les lui rappeler.

4° Que les idées soient appelées les unes les autres.

Nous avons traité ce point en parlant de l'association des idées, nous n'avons donc pas à y revenir.

L'imagination retrace dans l'esprit l'image des objets, l'amplifie et en crée une image nouvelle.

La mémoire nous rappelle le passé, et l'imagination, tout en nous rappelant le passé, nous fait entrevoir l'avenir.

« Nous ne tenons jamais au présent. Nous anticipons l'avenir comme trop lent à venir, comme pour hâter son cours ; ou nous rappelons le passé pour l'arrêter comme trop prompt.....

« Que chacun examine ses pensées, il les trouvera toujours occupées au passé et à l'avenir. Nous ne pensons presque point au présent ; et, si nous y pensons, ce n'est que pour en prendre la lumière, pour disposer de l'avenir. Le présent n'est jamais notre fin ; le passé et le présent sont nos moyens ; le seul avenir est notre fin. Ainsi, nous ne vivons jamais, mais nous espérons de vivre ; et, nous disposant toujours à être heureux, il est inévitable que nous le soyons jamais. » (PASCAL, *Pensées*).

L'imagination qui fait passer sous nos yeux une foule d'images quelquefois sans ordre, quelquefois d'après notre volonté, est *créatrice* quand elle combine toutes ces images et en fait des constructions nouvelles ou *fictions*. Elle est *inventive* quand elle sert à trouver de nouvelles expériences.

Cette faculté, que Malebranche appelle « la folle du logis » est utile et nuisible à l'homme.

Elle est utile quand elle montre à l'homme le but à atteindre, qu'elle lui représente le succès de son entreprise et qu'elle lui fait trouver les moyens pour atteindre son but.

Elle est nuisible quand elle sert les passions et qu'elle flatte les désirs.

ABSTRACTION ET GÉNÉRALISATION

L'abstraction consiste à détacher une manière d'être de l'ensemble des manières d'être d'un objet, comme si elle existait en dehors de l'objet.

L'abstraction n'est qu'une conséquence de l'attention. En effet, par l'attention nous percevons nettement, nous étudions séparément un objet, nous le distinguons de tous ceux qui l'entourent; nous faisons donc une abstraction.

Si, par exemple, nous touchons simultanément un corps chaud et un corps froid, nous nous formons une idée très précise, indépendante des corps touchés, de la chaleur de ces corps. Cette idée est abstraite.

4.

Lorsque nous parlons de la bravoure de François 1er, nous détachons de toutes les qualités de ce roi, celle de bravoure. Nous formons encore ici une idée abstraite.

Les idées abstraites n'ont pas d'objet réel, tandis que les idées concrètes ont un objet réellement existant. Toutes les figures de géométrie sont des abstractions; tous les nombres sont des abstractions, parce que ce sont des idées. L'abstrait n'existe que dans la pensée; c'est une création de notre esprit.

Il est impossible à notre esprit de décomposer les masses parce qu'il ne peut saisir facilement les idées concrètes.

Nos premières idées sont concrètes et l'abstrait naît du concret. Par exemple, un enfant voit un oiseau pour la première fois : le mot oiseau est une idée concrète qui répond à une image déterminée, c'est-à-dire à l'animal qu'il a vu. Mais, si peu de jours après il voit un autre oiseau, différent de celui qu'il a vu précédemment, il faudra lui faire remarquer que tous les oiseaux ont des ailes et des plumes ; alors il saisira l'abstraction et ne verra plus, lorsqu'on lui montrera un autre oiseau, que des plumes et des ailes.

Il est souvent utile de savoir faire usage de l'abstraction dans les jugements pratiques de la vie. Discerner le bien du mal, le vrai du faux, les qualités des défauts, tout cela sont des abstractions qui sont moins faciles qu'on le suppose.

Laromiguière, dans ses *Leçons de Philosophie*, nous en donne un exemple :

« Je suppose, dit-il, une personne dont l'opinion politique soit portée jusqu'à l'intolérance (on me passera la supposition). Cette personne est attaquée d'une maladie grave : elle demande un médecin et on lui en nomme un très habile : « Monsieur un tel ? On sait comment il pense. — Eh ! Madame, qu'importent ses opinions ? Songez à guérir. — Ne me parlez pas de cet homme : c'est un extravagant, un ignorant. » La voilà, pour un entêtement aveugle, incapable de faire la

plus légère abstraction, de distinguer le
médecin du politique. »

Combien de gens parmi nous ou autour
de nous font comme cette malade : ils
reconnaissent toutes les qualités du
médecin, mais parce que ce médecin
ne pense pas comme eux, ils méprisent
son savoir faire et sa science.

Maître Jacques, dans Molière (l'*Avare*
acte III, scène v) est beaucoup meilleur
métaphysicien : « Est-ce à votre cocher,
Monsieur, ou à votre cuisinier que vous
voulez parler? — Au cuisinier. — Attendez
donc, s'il vous plaît. » Il ôte sa casaque et
paraît vêtu en cuisinier. Harpagon donne
des ordres pour que l'on nettoie son
carrosse : maître Jacques reparaît en
cocher.

L'histoire nous rapporte aussi une belle
abstraction : « A l'avènement de Louis XII,
tous ceux qui avaient combattu contre lui
pendant la guerre folle, craignaient sa
vengeance. La Trémoille était un de ceux-
là; Louis XII le fit venir et lui dit : « Le

roi de France ne venge pas les injures du duc d'Orléans. »

Où l'abstraction est surtout utile, c'est dans l'étude des sciences. Votre intelligence, quelque développée soit-elle, ne peut tout embrasser à la fois, aussi scinde-t-elle l'objet de son étude.

Ainsi en Physiologie on étudie chacun de nos organes et chaque partie de l'organe ; en physique on étudie les propriétés de chaque corps ; en chimie on fait de même ; en histoire on étudie l'histoire de chaque pays, l'histoire de chaque roi et ainsi pour toutes les autres sciences.

L'abstraction amène la généralisation. En voici un exemple.

Nous voyons un oiseau, nous étudions ses caractères particuliers et son image reste dans notre esprit ; nous voyons un autre oiseau : immédiatement l'image du premier se représente à notre esprit, nous saisissons les ressemblances ou les dissem- blances et nous le nommons *oiseau,* bien que ces deux animaux qui ont des caractères communs, ne soient pas identiques. Et, tous les animaux qui auront un bec, des plumes, des ailes, deux pattes, malgré les caractères différents qu'ils pourront avoir, seront des oiseaux.

Encore un exemple : Je vois un chien. Par ses caractères particuliers, je le classe dans les carnivores avec le lion, le chat, etc., ceux-ci dans les mammifères et ces derniers dans les vertébrés.

Sans la généralisation, il n'y aurait pas de science possible parce que l'on ne pourrait pas faire de classifications. Il n'y aurait ni géométrie, ni arithmétique, ni physique, ni botanique. Donc, les lois de la physique, les règles de la médecine, celles de la grammaire, etc., sont des idées générales.

Les idées abstraites, comme les idées générales, s'expriment les unes avec des termes abstraits, les autres avec des termes généraux. Ainsi, fauvette, aigle, chien, lapin, cheval, sont des termes abstraits ; tandis que oiseaux, mammifères, mollusques, sont des termes généraux. La grammaire elle-même nous donne bien l'idée de la généralisation et de l'abstraction, puisqu'elle nous enseigne qu'il y a deux sortes de noms : les noms propres et les noms communs.

Les premiers ne s'appliquent qu'à une seule personne ou à une seule chose ; les seconds à toutes les personnes ou à toutes les choses de même nature.

Platon, au sujet de l'abstraction, fait l'allégorie suivante :

Elle a pour objet une caverne dans laquelle sont enfermés des prisonniers. Ces hommes ont le visage tourné vers le fond de la caverne. Derrière, entre eux et le jour, il y a du feu ; ils voient les ombres du dehors se refléter sur la muraille, aussi s'imaginent-ils que c'est la réalité.

Le premier qui sera délivré et qui sortira sera ébloui par le jour ; puis sa vue s'affermissant, il découvrira d'abord l'image des arbres se réfléchissant dans l'eau, puis les arbres eux-mêmes, le ciel et enfin la lumière du soleil.

S'il revient parmi ses compagnons et qu'il leur raconte ses impressions, au lieu de l'admirer, ils se moqueront de lui.

Il en est de même des hommes. Supposez que l'un d'eux s'affranchisse de ses chaînes sensibles, qu'il étudie, qu'il s'applique à considérer les idées abstraites et générales, en premier lieu, il ne les comprendra pas, elles lui paraîtront pénibles, mais s'il pénètre ces idées, la clarté se fait peu à peu, il comprend que c'est la véritable clarté et se familiarise petit à petit avec toutes les abstractions.

L'abstraction peut très bien être appliquée à la littérature et aux beaux-arts.

L'art qui doit y avoir le moins de part est la musique, parce que, comme la poésie, c'est un art complet.

JUGEMENT ET RAISONNEMENT

Juger, c'est lier deux idées par l'affirmation.

Le jugement est l'opération la plus commune de notre esprit; je dirai même qu'elle est d'une délicatesse extrême puisque c'est la manifestation de notre pensée.

Le jugement naît de l'observation, de la comparaison des rapports des choses observées. Il est bon, quand on sait discerner le mal du bien, le vrai du faux. Il doit s'énoncer sans détours, sans hésitation.

Un jugement s'énonce par trois termes : le *sujet* (personne ou chose sur laquelle on porte un jugement); le *verbe* (est l'affirmative ou la négative); l'*attribut* (qualité que l'on donne au sujet). Ainsi dans cet exemple : Cette femme est généreuse, je

5

porte un jugement ou j'affirme que la qualité de générosité appartient à la personne dont il s'agit.

Le jugement est encore appelé *bon sens*.

Chacun de nous a plus ou moins de bon sens. On dit encore que *le bon sens est une lumière naturelle qui nous fait distinguer les rapports, les qualités des choses.*

Bien des personnes dont l'instruction est très élémentaire ont, par contre, un bon sens naturel qui leur permet de juger plus juste que d'autres, parce que leur intelligence et leur raison s'attardent sur leurs jugements. Dans nos rapports avec nos semblables, lorsque nous savons discerner ce qu'il faut faire ou dire, de ce qu'il ne faut pas faire ou ne pas dire, le jugement que nous faisons prend le nom *de tact*.

On lit dans la logique de Port-Royal : « Le jugement est utile dans toutes les parties et dans tous les emplois de la vie. Ce n'est pas seulement dans les sciences qu'il est difficile de distinguer la vérité de l'erreur, mais aussi dans la plupart des

sujets dont les hommes parlent et dans les
affaires qu'ils traitent. Il y a presque partout des routes différentes; les unes vraies,
les autres fausses ; et c'est à la raison d'en
faire le choix. Ainsi la principale application qu'on devrait avoir, serait de former
son jugement et de le rendre aussi exact
qu'il peut l'être ; et c'est à quoi devrait
tendre la plus grande partie de nos études.
Ce soin est d'autant plus nécessaire qu'il
est étrange. Combien c'est une qualité
rare que cette exactitude de jugement. On
ne rencontre partout que des esprits faux
qui n'ont presqu'aucun discernement de
la vérité, qui prennent toutes choses d'un
mauvais biais, qui se paient des plus mauvaises raisons et qui veulent en payer les
autres, qui se laissent emporter par les
moindres apparences, qui sont toujours
dans l'excès et dans les extrémités, qui
n'ont point de serres pour se tenir fermes
dans les vérités qu'ils savent parce que
c'est plutôt le hasard qui les y attache,
qu'une solide lumière, ou qui s'arrêtent

au contraire, à leur sens, avec tant d'opi-
niâtreté, qu'ils n'écoutent rien de ce qui
pourrait les détromper, qui décident
hardiment ce qu'ils ignorent, ce qu'ils
n'entendent pas et ce que personne n'a
peut-être jamais entendu, qui ne font point
de différence entre parler et parler.....
Cette fausseté d'esprit n'est pas seulement
cause des erreurs que l'on mêle dans les
sciences, mais aussi de la plupart des
fautes que l'on commet dans la vie civile,
des querelles injustes, des procès mal
fondés, des avis téméraires, des entreprises
mal concertées. Il y en a peu qui n'aient leur
source dans quelque erreur et dans quelque
faute de jugement; de sorte qu'il n'y a
point de défaut dont on ait plus d'intérêt
à se corriger. »

Le raisonnement est une opération par
laquelle on montre qu'une proposition est
la *raison*, c'est-à-dire fournit l'explication
d'une autre proposition.

Exemple : Tout homme est mortel, donc
Socrate est mortel. La première de ces

deux propositions rend *raison*, rend compte de la seconde.

De même : *Tous les hommes qui ont existé jusqu'à ce jour sont morts, donc tous les hommes sont mortels.* La première de ces deux propositions sert encore de fondement à la seconde.

Mais il faut distinguer deux sortes de raisonnement : le *raisonnement déductif* (auquel se rapporte le 1er exemple) ; le *raisonnement inductif* (auquel se rapporte le 2e exemple).

Raisonnement déductif.— Déduire, c'est d'une proposition qui sert de point de départ, tirer une conséquence qu'elle renferme.

La déduction, sous sa forme la plus complète, s'appelle *syllogisme*.

Un syllogisme est un raisonnement composé de trois propositions, telles que la dernière résulte des deux premières. Exemple : Les hommes sont mortels, les rois sont hommes, donc les rois sont mortels.

Pourquoi fait-on des syllogismes? On
fait un syllogisme dans le cas où l'on
n'aperçoit pas immédiatement le rapport
qui existe entre deux idées : on en cherche
alors une troisième qui joue le rôle d'intermédiaire.

Supposons, par exemple, qu'un prince
enivré de sa puissance, comme un Alexan-
dre ou un Louis XIV, en vienne à oublier
sa condition mortelle, il ne sera pas inutile
de lui rappeler qu'il est homme, et que
tout homme, sans exception, est sujet à la
mort.

Il y a donc dans tout syllogisme trois
termes qui sont comparés deux à deux.
Soit ce syllogisme. On veut savoir si l'âme
est immortelle. En y réfléchissant, on
trouve que l'idée de simplicité peut servir
à rapprocher les idées d'âme et d'immor-
talité. On fera donc le syllogisme suivant :
L'âme est simple, c'est-à-dire indécompo-
sable — ce qui est simple est immortel —
donc l'âme est immortelle.

Des trois termes ainsi comparés deux à

deux, il en est un nommé *petit terme*, c'est le sujet de la conclusion. (Dans l'exemple ci-dessus, c'est le mot *âme*).

On l'appelle petit terme, parce que souvent il est moins général que les deux autres. Le *grand terme*, c'est l'attribut de la conclusion (immortelle).

Le *moyen terme*, c'est celui par l'intermédiaire duquel on rapproche le petit du grand (ici c'est le mot simple).

La proposition où le grand terme est rapproché du moyen, s'appelle la *majeure*. La majeure du syllogisme ci-dessus est : ce qui est simple est immortel.

La proposition où le petit terme est rapproché du moyen, s'appelle la *mineure*. Dans le même exemple, la mineure est : l'âme est simple.

La majeure et la mineure réunies forment les *prémisses* du syllogisme.

La proposition qu'on en déduit se nomme la *conclusion*.

Toutes les règles de syllogisme peuvent se ramener à ce principe fondamental :

que la conclusion doit être contenue dans les prémisses.

Raisonnement inductif. — Tandis que dans la déduction nous prenons pour point de départ une proposition générale et que nous en dégageons les conséquences qui y sont contenues, le raisonnement inductif suit une marche toute différente. Il prend son point de départ dans l'observation d'un certain nombre de faits particuliers, et de ces faits particuliers on conclut une loi générale. Ainsi :

On a mis une première fois de l'eau sur le feu et on a observé que cette eau entrait en ébullition à une température thermométrique de 100 degrés. On a répété cette expérience, deux, trois, quatre fois et chaque fois on a constaté le même résultat, c'est-à-dire l'ébullition de l'eau à une température de 100 degrés. Or, chacune de ces expériences porté sur des objets particuliers : sur telle eau, tel feu, tel thermomètre, etc., et cependant on tire de ces observations une conclusion générale, c'est-à-dire qu'on affirme que l'eau doit entrer en ébullition à une température de 100 degrés.

Pour comprendre la valeur de l'induction, il convient d'y distinguer deux moments, deux opérations successives :

1° Nous commençons par faire, comme on l'a dit ci-dessus, un certain nombre d'observations ou d'expériences dont le résultat paraît être constant. En d'autres termes, entre deux faits, tels par exemple que l'ébullition de l'eau et qu'une température de 100 degrés, on observe une relation jusqu'ici invariable.

On en conclut qu'il y a entre ces deux faits un rapport de *causalité*, car s'il en était autrement, il serait impossible de comprendre pourquoi les deux faits dont il s'agit, s'accompagnent invariablement.

Si deux faits A et B s'accompagnent toujours, il n'y a que trois hypothèses possibles pour rendre compte de leur concommittence :

Ou bien A est la cause de B ;

5.

Ou bien B est la cause de A ;

Ou bien A et B sont les effets d'une cause commune, sinon leur coïncidence serait fortuite, c'est-à-dire due au hasard et le hasard est une conception inadmissible pour la raison.

2° Mais c'est un axiome : que les mêmes causes produisent les mêmes effets. Si cet axiome n'était point vrai, la science serait impossible.

Supposons, par exemple, que le même astre puisse, dans les mêmes circonstances, occuper des lieux différents, il est clair qu'alors toute prévision astronomique serait vaine.

Ce que nous disons de l'astronomie peut s'appliquer aux autres sciences. Donc les mêmes causes doivent produire les mêmes effets.

Supposons maintenant qu'il ait été constaté que la température de 100° est la cause de l'ébullition de l'eau, nous serons évidemment fondés à dire que : « Toutes les fois que l'eau sera soumise à la température de 100°, elle sera en ébullition. »

Ainsi donc cet axiome : « les mêmes causes produisent les mêmes effets » nous permet d'étendre à l'avenir ce que nous avons reconnu vrai dans le passé.

LA RAISON

Qu'est-ce que la raison ?

C'est la faculté par laquelle l'homme connaît, juge, et perçoit.

Elle se distingue de l'instinct en ce qu'elle lie l'avenir au présent ou au passé ; tandis que l'instinct ne va pas au delà de l'habitude. C'est la raison qui nous fait connaître le pourquoi et le comment des choses, qui nous fait distinguer le vrai du faux.

La raison existe dans chaque homme à un degré plus ou moins élevé ; mais elle ne se développe que sous l'influence des impressions extérieures, c'est-à-dire au contact d'autres individus intelligents et raisonnables.

Ainsi, la raison de l'enfant se développe

au contact de celle de sa mère. Plus ce petit être est entouré chez lui de soins intellectuels, plus il est agréable et aimable avec les personnes qui l'entourent.

« Il y a un temps où la raison n'est pas encore, où l'on ne vit que par instinct, à la manière des animaux, et dont il ne reste dans la mémoire aucun vestige. Il y a un second temps où la raison se développe, où elle est formée, et où elle pourrait agir, si elle n'était pas obscurcie et et comme éteinte par les vices de la complexion, et par un enchaînement de passions qui se succèdent les unes aux autres et conduisent jusqu'au troisième et dernier âge. La raison, alors dans sa force, devrait produire ; mais elle est refroidie et ralentie par les années, par la maladie et la douleur, déconcertée ensuite par le désordre de la machine, qui est dans son déclin : et ces temps, néanmoins, sont la vie de l'homme ! » LA BRUYÈRE, *Caractères de l'homme.*)

Nous avons dit plus haut que la raison

s'oppose à l'instinct, elle s'oppose à la
folie. Folie ne veut pas dire absence de
raison, mais perversion de la raison.

Il y a une raison dans les actes, comme
il y en a une dans les pensées. Ainsi une
personne qui aura le soin, pendan
qu'elle pourra travailler, d'épargner de
l'argent pour pourvoir à sa subsistance
quand la vieillesse l'obligera à se reposer,
fait preuve de prévoyance et en même
temps de raison.

Toutes les facultés intellectuelles étant
liées entre elles, il est certain que la raison
a un rapport très étroit avec l'imagination
et la sensibilité.

L'imagination est souvent trop féconde
en idéal et c'est la raison qui intervient
pour diminuer cet idéal.

La raison est le guide de la sensibilité,
elle l'aide à contempler le beau, à rechercher le bien et le vrai.

Vanvenarges a dit : « La raison et le
« sentiment se conseillent et se suppléent
« tour à tour. Quiconque ne consulte

« qu'un des deux et renonce à l'autre, se
« prive inconsidérément d'une partie des
« secours qui nous ont été accordés pour
« nous conduire. »

Le philosophe Kant définit la raison :
« La faculté des nôtions premières et des
vérités premières. »

Les notions premières ont pour caractère d'être nécessaires, universelles,
absolues; elles servent de principes à
toutes les sciences; la géométrie n'existerait pas sans la notion d'étendue et
d'espace; l'arithmétique, sans la notion de
nombre; la physique, sans la notion de
mouvement; la chimie, sans la notion de
substance; la morale, sans la notion du
bien; l'esthétique, sans la notion du beau;
etc. Il y a des notions premières d'espace,
de temps, de cause, de substance, d'unité,
d'identité, d'infini, d'absolu, de parfait.

Les vérités premières naissent des notions premières, ce sont des axiomes que
l'esprit se refuse à réfuter parce qu'ils sont
trop évidents.

Exemple : La ligne droite est le plus court chemin d'un point à un autre.

La partie est plus petite que le tout.

Deux parties égales à une troisième sont égales entre elles.

Enfin, embrassant les idées d'espace, d'unité, d'infini, de parfait, elles reviennent à l'idée de Dieu qui les réunit toutes.

Nous pourrons encore dire avec Bossuet que la raison c'est l'ordre : « Le rapport de l'ordre et de la raison est extrême. L'ordre ne peut être mis dans les choses que par la raison, ni être entendu que par elle, il est l'ami de la raison et son propre objet. »

SENSIBILITÉ MORALE

Nous avons dit, dans un chapitre précédent, que la sensibilité est la faculté d'aimer, c'est-à-dire d'éprouver du plaisir et de la douleur. La sensibilité morale est la faculté qui consiste à être affectée par des objets qui frappent *l'entendement*.

Tandis que la sensibilité physique se rapporte aux objets extérieurs, la sensibilité morale se rapporte aux objets qui ne frappent pas les sens.

La sensibilité physique change les émotions en *sensations*, la sensibilité morale les change en *sentiments*.

Nous éprouvons le chaud, le froid, la faim, la soif, et nous ressentons la douleur d'une blessure ; nous sommes étourdis d'un bruit formidable, tandis que la musique douce, harmonieuse, nous ravit. Voil dães sensations différentes, du plaisir ou de la douleur.

Nous éprouverons certainement une douleur toute différente à celle dont nous avons parlé ci-dessus, si nous venons à perdre notre père, notre mère ou un enfant. Notre plaisir ne sera pas le même si nous sauvons un ami d'un danger imminent ou si nous entendons un beau morceau de musique. Les émotions éprouvées, dans ce cas, sont différentes des sensations et prennent alors le nom de *sentiments*.

Les sentiments diffèrent des appétits et des besoins.

Les appétits nous portent vers le bien-être corporel, les sentiments vers les choses intellectuelles. Les premiers agissent périodiquement et sont annihilés par la satiété; les sentiments venant du cœur et de l'esprit sont insatiables.

Le gourmand se lasse de manger des plats qui flattent sa passion, quand il n'a plus faim ou qu'il a peur de se rendre malade ; le savant ne se lasse jamais de la science ; il a toujours le désir de connaître, d'apprendre, d'inventer ; l'artiste aime toujours le beau, qu'il se présente dans la peinture, la musique, etc. ; l'avare aime toujours son trésor.

Les faits de notre sensibilité peuvent être répartis en deux grandes catégories :

1º Les uns se rapportent aux penchants personnels ;

2º Les autres se rapportent aux penchants désintéressés.

I. Penchants personnels. — Les penchants personnels sont ceux qui ont pour objet notre individu, notre personne même. Par exemple : l'instinct de nutrition, l'amour de la louange, etc.

On les appelle aussi quelquefois *penchants égoïstes*, mais alors il ne faut pas prendre ce mot dans un sens défavorable ; car ces penchants, qui ont pour objet notre être, sont légitimes en eux-mêmes ; ils ne deviennent répréhensibles que quand ils dépassent certaines limites,

Les penchants personnels peuvent à leur tour être subdivisés : tantôt ils ont pour objet le *corps ;* tantôt leur fin est l'*âme ;* tantôt enfin ils sont *mixtes ;* c'est-à-dire qu'ils se rapportent tout ensemble au corps et à l'âme.

Par exemple : la faim, la soif, le besoin de dormir, sont des penchants de la première espèce, car ils ont pour objet le corps ; on les appelle des *appétits.*

D'autre part, l'amour du pouvoir, l'amour de la gloire... etc., sont des *inclinations* de la deuxième espèce, car la gloire est un bien moral qui ne tombe pas sous les sens.

Enfin, l'amour de la propriété est un penchant mixte, car lorsqu'on cherche à posséder de la terre ou de l'argent, c'est parce que l'on voit dans ces choses ou un moyen de subsister, ou un moyen de dominer sur les autres.

L'amour-propre est un penchant personnel qui a rapport à l'esprit. C'est le sentiment par lequel nous cherchons à être supérieurs aux autres hommes ; heureux quand nous y arrivons, malheureux quand nous constatons notre infériorité.

« L'amour-propre est le plus grand de tous les flatteurs, a dit Larochefoucauld. » Ce sentiment est utile pour les progrès de l'humanité, parce qu'il engendre l'*émulation*.

« L'émulation, dit La Bruyère, est un sentiment volontaire, courageux, sincère, qui rend l'âme féconde, qui la fait profiter des grands exemples et la porte au-dessus de ce qu'elle admire.

« La jalousie est un mouvement violent et comme un aveu contraint du mérite qui est hors d'elle ; elle va même jusqu'à nier la vertu dans les sujets où elle existe, ou, forcée de la reconnaître, lui refuse les éloges ou lui envie les récompenses ; une passion stérile qui laisse l'homme dans l'état où elle le trouve, le remplit de lui-même, de l'idée de sa réputation, qui le rend froid et sec sur les actions ou sur les ouvrages d'autrui, qui fait qu'il s'étonne

de voir dans le monde d'autres talents que
les siens, ou d'autres hommes avec les
les mêmes talents dont il se pique.....

« L'émulation et la jalousie ne se ren-
contrent guère que dans les personnes de
même art, de mêmes talents, de mêmes
conditions. Les plus vils artisans sont les
plus sujets à la jalousie. Ceux qui font
profession des arts libéraux ou des belles-
lettres, les peintres, les musiciens, les
orateurs, les poètes, tous ceux qui se
mêlent d'écrire, ne devraient être capables
que d'émulation.

« Toute jalousie n'est point exempte de
quelque sorte d'envie, et souvent même
ces deux passions se confondent......
L'envie et la haine s'unissent toujours et
se fortifient l'une l'autre dans un même
sujet, et elles ne sont reconnaissables
entre elles qu'en ce que l'une s'attache à
la personne, l'autre à l'état et à la condition. » (*Caractères de l'Homme*).

Aux inclinations personnelles se rattachent encore : le plaisir de l'action, le

plaisir du repos et l'amour de la liberté.

L'homme aime autant agir spirituelle-
ment que corporellement. Un mathémati-
cien, par exemple, éprouve un vif plaisir
à chercher la solution de ses équations
numériques. Et quand il l'a trouvée, cette
solution, quel bonheur et quelle satisfaction intérieure !

Lorsque nous avons déployé toutes nos
forces intellectuelles pour amener à bien
un travail long et difficile, nous éprouvons
d'autant plus de plaisir à nous reposer, que
l'effort a été grand. Le plaisir du repos
est donc proportionné au plaisir de
l'action.

Si nous déployons notre activité pour
nous procurer plaisirs intellectuels et bien-
être corporel, nous désirons, en revanche,
être libres de nous-mêmes et surtout indé-
pendants. Tous nos efforts tendent à nous
assujettir d'une autorité quelconque. Le
domestique n'a qu'un but : être maître à
son tour; l'employé, devenir patron; etc.
Ce goût de l'indépendance est inné chez

l'homme et chaque jour il lutte pour s'affranchir des pouvoirs ou des lois qui le dominent. C'est cet amour de la liberté qui a engendré les révolutions et les émeutes; quelquefois le but n'a pas été atteint, mais enfin elles ont amené des réformes qui ont donné une satisfaction sinon entière, du moins partielle à ceux qui en étaient les moteurs.

II. Penchants désintéressés. — Les penchants désintéressés s'opposent aux penchants personnels : ils consistent à aimer quelqu'un ou quelque chose autre que nous-mêmes. Nous pourrons citer comme penchants désintéressés : l'amitié, l'amour de la science, l'amour de la patrie, etc., etc.

On peut aussi les subdiviser et y reconnaître deux grandes espèces :

1° Les penchants ou *inclinations sympathiques* qu'on appelle encore quelquefois : *inclinations sociales.*

2° Les penchants ou *inclinations supérieures* que l'on appelle aussi : *inclina tions rationnelles*, parce qu'elles ont pour objet le vrai, le beau, le bien, c'est-à-dire l'objet même de la raison.

Etudions-les séparément.

1° *Penchants sympathiques*. — Les penchants sympathiques ont pour fin soit la nature, soit l'humanité. La Rochefoucault nie qu'il y ait des inclinations de ce genre. Il rapporte tout à l'égoïsme. C'est ainsi qu'il dit :

« Ce que les hommes ont nommé amitié, n'est qu'une société, un ménagement réciproque d'intérêts, un échange de bons offices : ce n'est qu'un commerce où l'amour-propre se propose toujours quelque chose à gagner. »

La Rochefoucault suit en ceci les principes de la doctrine utilitaire.

Cette doctrine peut être considérée à deux points de vue :

1° Au point de vue *psychologique*; la doctrine utilitaire consiste alors à soutenir que, *en fait*, tous nos sentiments se ramènent à l'égoïsme.

6

2° Au point de vue *moral*, elle consiste à prétendre que, *en droit*, l'intérêt est le principe directeur de la vie humaine. En d'autres termes que la sagesse même nous prescrit de rechercher notre intérêt.

La première opinion a pour conséquence nécessaire la deuxième ; car, si tous nos sentiments en fait sont égoïstes, il est absurde de nous prêcher une morale de désintéressement.

Cette morale serait pour nous impossible à pratiquer.

Mais, puisque la psychologie utilitaire se place sur le terrain des faits, c'est à la conscience, à l'observation intérieure qu'il faut s'adresser pour résoudre la question.

Demandons-nous si, quand nous aimons nos amis, notre famille, notre patrie, nous cédons à un sentiment intéressé, si nous avons alors en vue notre profit personnel. Notre conscience nous répondra : non, et cette réponse qui donne un démenti formel à la psychologie utilitaire, en est par cela seul la réfutation péremptoire.

Mais il n'est pas besoin, pour réfuter la théorie fausse de La Rochefoucault, de descendre bien avant dans notre cœur, pour nous rappeler une amie que nous avons aimée sincèrement. Pourquoi cette liaison s'est-elle faite ? Si ce n'est parce que nos idées, nos sentiments, toutes nos pensées concordaient ensemble et se complétaient mutuellement. Jamais, certainement, dans nos rapports continuels, dans nos témoignages réciproques d'affection ne s'est glissé le plus petit sentiment d'intérêt, d'égoïsme. Nous avons aimé notre amie pour elle, pour ses qualités morales et non pour le profit que nous pouvions tirer de notre liaison.

La véritable amitié, la plus durable, celle que le temps n'efface pas, c'est l'amitié fondée sur la vertu; parce qu'elle suppose une étude plus approfondie du caractère de celui auquel on donne son amitié.

Les anciens se faisaient une idée plus juste de l'amitié, Aristote le premier ;

« L'amitié est un des besoins les plus
nécessaires de la vie : personne n'accepte-
rait de vivre sans amis, eût-il d'ailleurs
tous les autres biens.

. . . .

« Quand nous sommes jeunes, nous
demandons à l'amitié de nous épargner
des fautes par ses conseils; quand nous
sommes devenus vieux, nous lui demandons ses soins et ses secours pour soulager
notre activité défaillante; enfin, quand
nous sommes dans toute notre force, nous
avons encore besoin d'elle pour accomplir
des actions d'éclat. »

Quoi de plus beau aussi que cette admirable page de Montaigne où il parle de
l'amitié qui l'unit à La Boétie. En voici un
passage.

« En l'amitié de quoy je parle, elles se
« meslent et confondent l'une en l'autre
« d'un meslange si universel, qu'elles ef-
« facent et ne retrouvent plus la cousture
« qui les a joinctes. Si on me presse de
« dire pourquoy je l'aimais, je sens que

« cela ne se peut exprimer qu'en respon-
« dant : « Parce que c'estoit luy, parce que
« c'estoit moy. »

« Il y a, au delà de tout mon discours
« et de ce que j'en puis dire particuliè-
« rement, je ne sçay quelle force inexpli-
« cable et fatále, médiatrice de cette
« union. Nous nous cherchions avant que
« de nous estre veus, et par des rapports
« que nous oyons l'un de l'autre, qui fai-
« saient en nostre affection plus d'effort
« que ne porte la raison des rapports ; je
« croy par quelque ordonnance du ciel.
« Nous nous embrassions par noz noms,
« et à nostre première rencontre, qui fut
« par hazard en une grande fête et com-
« pagnie de ville, nous nous trouvâmes si
« prins, si cognus, si obligez entre nous,
« que rien dès lors ne nous fut si proche
« que l'un à l'autre.

. . . .

« Ce n'est pas une spéciale considéra-
« tion, ny deux, ny trois, ny quatre, ny
« mille ; c'est je ne sçay quelle quinte-

6.

« essence de tout ce meslange, qui, ayant
« saisi toute ma volonté, l'amena se plonger
« et se perdre dans la sienne, d'une faim,
« d'une concurrence pareille : je dis perdre
« à la vérité, ne nous réservant rien qui
« nous fust propre, ny qui fust ou sien,
« ou mien. » (*Essais, de l'amitié*)

Nous pouvons encore ranger dans les inclinations sympathiques : le *patriotisme* qui a donné de si belles pages à notre histoire ; la philanthropie, l'amour paternel, maternel, fraternel, filial, etc.

2° *Inclinations supérieures.* — Enfin les inclinations supérieures ou rationnelles, ont pour fin, comme nous l'avons dit : ou le vrai, ou le beau, ou le bien, ou Dieu que l'on peut regarder comme résumant le beau, le vrai, le bien.

De là, quatre classes de sentiments distincts :

1° Sentiments intellectuels ;

2° Sentiments esthétiques ;

3° Sentiments moraux ;

4° Sentiments religieux.

L'intelligence étant, comme nous l'avons dit, la faculté de connaître, le besoin de connaître se manifeste par la curiosité ; et la curiosité amène le plaisir de l'étude et l'amour du vrai. Par l'étude, nous acquérons la science pour nous-mêmes et nous la donnons aux autres, soit par l'éclaircissement des choses connues, soit par la découverte de nouvelles.

Les sentiments esthétiques se manifestent par l'admiration.

C'est en effet le sentiment du beau qui nous fait admirer la nature ou les arts ; la nature, dans les phénomènes qui se présenteront à notre vue ; les arts, devant la toile d'un maître ou l'œuvre d'un sculpteur, etc. Mais il faut distinguer le beau du *sublime*. Il y a là toute une nuance. Le sublime c'est le beau, mais avec un caractère de grandeur sans bornes que nos facultés ne peuvent juger et quelquefois même ne peuvent facilement exprimer.

Le sublime engendre l'*enthousiasme* ; pour définir ce sentiment rappelons ici ce passage de Mme de Staël :

« On peut le dire avec confiance, l'enthousiasme est de tous les sentiments
celui qui donne le plus de bonheur, le seul
qui en donne véritablement, le seul qui
sache nous faire supporter la destinée
humaine dans toutes les situations où le
sort peut nous placer.

. . . .

« On accuse l'enthousiasme d'être pas-
sager, l'existence serait trop heureuse si
l'on pouvait retenir des émotions si belles ;
mais c'est parce qu'elles se dissipent aisément qu'il faut s'occuper de les conserver.

« La poésie et les beaux-arts servent à
développer dans l'homme ce bonheur
d'illustre origine, qui relève les cœurs
abattus, et met à la place de l'inquiète
satiété de la vie le sentiment habituel de
l'harmonie divine dont nous et la nature
faisons partie.

« Il n'est aucun devoir, aucun plaisir,
aucun sentiment qui n'emprunte de l'enthousiasme, je ne sais quel prestige, d'ac-
cord avec le pur charme de la vérité ».

Les sentiments moraux se manifestent par l'amour du bien, par le sentiment de notre honneur personnel ou de notre déshonneur.

Enfin, les sentiments religieux se manifestent par l'adoration. Ils sont exclusivement consacrés à la divinité.

« Dieu, a dit Victor Cousin, est à la fois doux et terrible. En même temps qu'il est la vie, le mouvement, la variété, la grâce ineffable de la nature visible et finie ; il est l'éternel, l'invisible, l'infini, l'immense, l'absolue unité et l'être des êtres. »

« Il ne faut mesler Dieu en nos actions qu'avecque révérence et attention pleine d'honneur et de respect. » a dit Montaigne.

. . . .
Cet astre universel, sans déclin, sans aurore,
C'est Dieu, c'est ce *grand tout*, qui soi-même s'adore ;
Il est, tout est en lui : l'immensité, le temps.
De son être infini, sont les purs éléments ;
L'espace est son séjour, l'éternité son âge ;
Le jour est son regard, le monde est son image.
. . . .
Il est seul, il est un, il est juste, il est bon ;
La terre voit son œuvre et le ciel sait son nom !
(Dieu, LAMARTINE).

LA VOLONTÉ

La volonté est la faculté par laquelle nous nous déterminons à faire ou ne pas faire une chose que nous concevons être en notre pouvoir.

Elle a pour caractères d'être réfléchie et libre.

Vouloir, c'est prendre une détermination pour arriver à tel but que l'on se propose.

Analyse de l'acte volontaire. — Avant l'exercice de la volonté, la sensibilité entre toujours en jeu. Prenons un exemple: Nous avons sous les yeux un pauvre, il excite notre pitié. Nous pouvons céder sans doute à ce mouvement spontané de compassion et faire l'aumône sans y réfléchir. En ce cas, notre action n'est pas, à proprement parler, volontaire ; elle s'explique par un instinct d'ailleurs généreux.

Mais supposons qu'au lieu d'agir inconsidérément, il nous plaise de peser la valeur de notre acte futur, il nous convienne d'y réfléchir ; dès ce moment aussi son attribut essentiel, qui est la liberté, apparaît clairement, car nous sommes libres, de réfléchir ou de ne pas réfléchir préalablement à ce que nous allons faire.

Si nous prenons le parti de la réflexion, sur quoi notre examen devra-t-il porter tout d'abord ?

Ne devrons-nous pas, avant toute chose, nous demander si les fins qui se proposent à notre activité sont réalisables ou non ; car, supposons que nous n'ayions pas notre portemonnaie sur nous, il sera superflu de pousser plus loin la délibération.

Mais une fois que nous sommes convaincus de la possibilité d'atteindre les fins qui nous sollicitent, nous avons encore à examiner la valeur de chacune de ces fins. Il nous faut les *comparer* entre elles ;

c'est dans cette opération que consiste le point principal de la *délibération*.

Délibérer, c'est donc essentiellement comparer les divers *motifs* d'action entre lesquels nous balançons. Nous disons motifs, car il y a lieu de distinguer le motif du mobile.

Les mobiles sont les impulsions irréfléchies de la sensibilité ; ils devancent, par conséquent, l'exercice de l'intelligence. Les motifs, au contraire, sont des fins, des buts d'action vers lesquels nous nous portons en connaissance de cause.

Dans la *Comparaison* des motifs, la liberté se manifeste comme dans le moment précédent ; car nous sommes libres de porter, de retenir plus ou moins longtemps, plus ou moins énergiquement notre attention sur tel ou tel motif.

A la délibération succède la *Résolution* et nous sommes libres encore de prendre cette résolution ou d'en prendre une autre. Je puis, par exemple, tout bien pesé, me déterminer à secourir ce pauvre ou employer mon argent à acheter un livre que je désirais depuis longtemps.

Enfin, à la Résolution ou décision, succède l'*effort*, et à l'effort, s'il est couronné de succès, l'*action* proprement dite ou Exécution.

La volonté est donc libre, tout en agissant de concert avec la sensibilité, l'intelligence et la raison.

Il faut se garder de confondre la volonté avec le désir, car entre ces deux choses il y a toute une nuance.

« Le désir est un élan aveugle qui, sans aucune délibération et sans l'intervention de la volonté, s'élève ou tombe, s'accroît ou diminue. Le désir n'est pas une résolution, c'est un entraînement ; on ne désire pas, on ne cesse pas de désirer à volonté. La volonté combat le désir, comme souvent elle y cède ; elle n'est donc pas le désir. » (Victor Cousin.)

La volonté est libre, le désir est fatal ; il naît en nous fatalement, malgré nous en quelque sorte. Si on les confondait, la volonté serait fatale et par conséquent la liberté n'existerait pas. Tel le philosophe Bell : « L'homme se croit libre, mais ne l'est pas. »

La volonté implique naturellement la Réflexion.

Le désir est irréfléchi.

La volonté implique la conception de la possibilité de la fin.

Le désir n'implique pas cette croyance, bien qu'il ne l'exclue pas,

La volonté implique la délibération, c'est-à-dire la comparaison des motifs. Une lutte entre motifs s'élève, elle est réglée par la force morale.

Le désir ne peut avoir qu'une fin ; donc, il n'y a pas de délibération.

Parfois, il peut y avoir plusieurs désirs, dont l'un peut être une crainte, il y a alors lutte entre les mobiles, réglée par la force physique et non identique à la délibération, puisqu'elle n'implique pas la liberté.

La volonté implique la résolution et donne un calme relatif.

Le désir est inquiet, agité et n'a pas de résolution.

La volonté implique l'effort et un effort parfois très constant et suffisamment énergique.

Le désir ne demande aucun effort, aucune énergie.

Enfin, la volonté a pour couronnement l'action, conséquence immanquable de l'effort.

Le désir, parfois, n'aboutit à aucune action.

LA DUALITÉ

Distinction entre le corps et l'âme ou entre
la physiologie et la psychologie.

Comme nous venons de le voir, l'homme
est formé de deux éléments : l'esprit et la
matière, le corps et l'âme ou le moral et
le physique.

Par le physique, l'homme tient à l'animal ; il a les mêmes besoins que lui, les
mêmes instincts ; il naît, il grandit, il
meurt comme l'animal ; il est sujet à des
maladies qui annihilent partiellement ou
complètement ses facultés mentales et le
rendent semblable à l'animal.

Mais l'homme a une autre vie en lui, et
celle-là réside dans l'âme, l'esprit, l'intelligence, le moral.

Les phénomènes de la vie matérielle, de la vie animale, comme la circulation du sang, etc., peuvent être étudiés sur le sujet lui-même par le physiologiste ; tandis que les phénomènes intellectuels ne peuvent être saisis par personne. Un anatomiste a dit : « Nous sommes comme les cochers de fiacre dans les rues. Ils voient les façades, les numéros des maisons, mais ne savent pas ce qui s'y passe. Nous nous trouvons en face d'un cerveau, nous en voyons la façade, mais ne savons rien de ce qu'il pense. »

C'est l'être pensant lui-même qui analyse ses sentiments.

Un chirurgien pourra présider aux fonctions de la pensée, mais ne connaîtra pas la pensée elle-même.

Les faits que la science relate, examine, sont susceptibles de mesure, de poids ou de nombre; en est-il de même de nos sentiments? Non.

L'amour maternel, l'amour de la patrie, ne se pèsent pas; l'amour du beau, l'amour

7.

de Dieu, ne se limitent pas par des lignes.

La dualité se trouve dans toutes les facultés de l'âme. Nous en avons eu la preuve en les étudiant : 1° dans leurs rapports avec la vie animale, et 2° dans leurs rapports avec la vie intellectuelle. C'est ainsi que nous avons étudié séparément : les sens et l'intelligence, l'instinct et la volonté.

Cette dualité se retrouve aussi dans toutes les branches de l'activité humaine ; dans la société elle-même, nous trouvons l'homme considéré comme *chose* dans les pays où l'esclavage et le servage existent encore, puis l'homme considéré comme *personnalité* dans les pays civilisés.

Les psychologues traitent donc les faits qui agissent de l'âme sur le corps, tandis que les matérialistes examinent seulement les faits qui influent du corps sur l'âme.

« C'est en vain qu'on veut se réduire aux jouissances matérielles, l'âme revient de toutes parts : l'orgueil, l'ambition,

l'amour-propre, tout cela c'est encore de
l'âme, quoiqu'un souffle empoisonné s'y
mêle ».

(Madame de Staël).

« Tout ce que l'on peut penser et savoir
de la nature dé l'homme se ramène à
trois ou quatre idées fondamentales : le
tempérament, l'esprit, le cœur, le caractère, c'est-à-dire la vie physique, la vie
intellectuelle, la vie morale. Sentir, penser,
vouloir, voilà toute la fonction de l'âme :
servir de support à l'âme, voilà la fonction
du corps : le corps et l'âme formant un tout
naturel, mais essentiellement distincts,
réagissant l'un sur l'autre, celui-là péris-
sable, celle-ci immortelle, voilà tout
l'homme. » (Rousselot.)

TABLE DES MATIÈRES

Facultés de l'âme.   9
Activité physique   11
Sensibilité physique.   21
Sens.   26
Imagination — Association des idées   34
Perception   45
Portée de nos sens   50
Éducation des sens   52
Intelligence, Attention et Réflexion.   54
Mémoire et Imagination.   59
Abstraction et Généralisation   65
Jugement et Raisonnement   73
La Raison   84
Sensibilité morale   89
La Volonté.   106
La Dualité   112

ANGERS, IMPRIMERIE H. ROLLAND ET GUESPIN

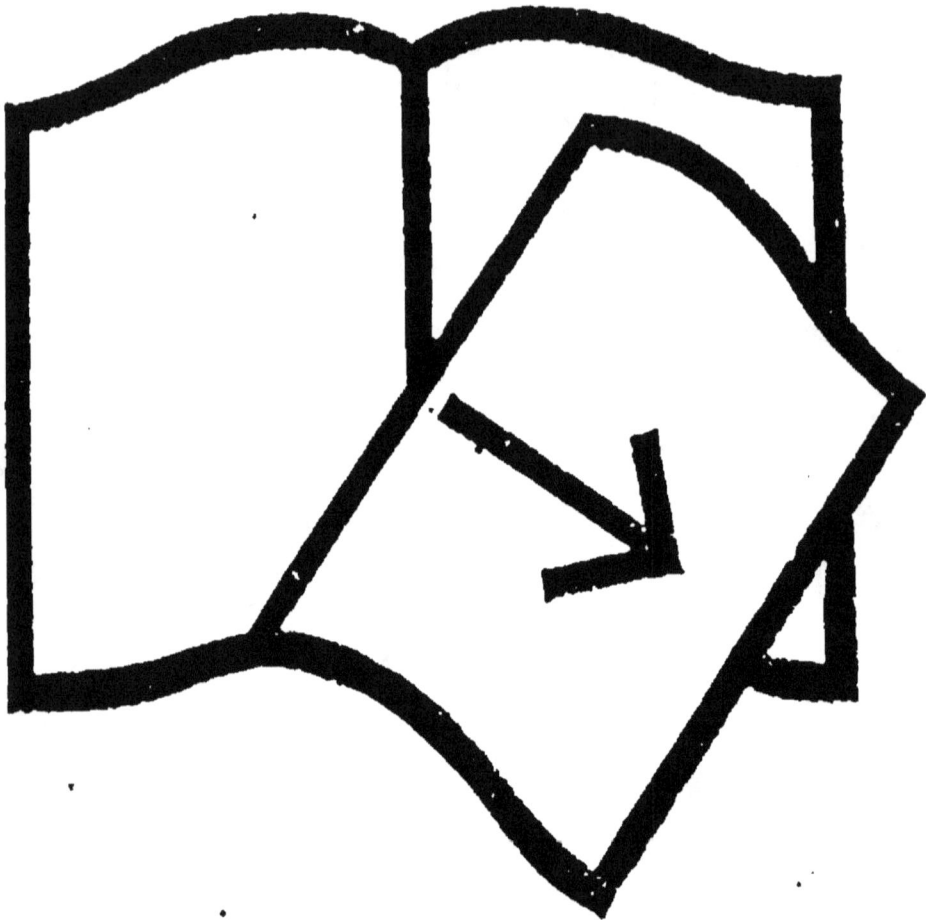

Documents manquants (pages, cahiers...)

NF Z 43-120-13

www.ingramcontent.com/pod-product-compliance
Lightning Source LLC
Chambersburg PA
CBHW052035270326
41931CB00012B/2495